Daniela Miniace

Mamme Ambiziose

Storie di nove donne

Copyright©2022
All rights reserved

Introduzione

Mi chiamo Daniela, ho trentasette anni, sono romana (e mezza tedesca) di origine e vivo a Milano da tre anni.

Sono una persona molto ambiziosa, ho tanti sogni e pretendo tantissimo da me, sempre.

Da sei anni sono mamma di Nicolò e da pochi mesi anche di Vittoria. Questa pausa di maternità mi ha dato l'opportunità di riflettere sui veri valori della vita e mi è stata di grande ispirazione.

Mi piace scrivere e ho delle buone idee. Sono una di quelle persone sempre in movimento, a volte mi fermo a pensare e poi riparto più veloce di prima. Forse di tanto in tanto dovrei fermarmi più a lungo e riflettere bene!

L'empatia è una mia caratteristica, lo so e me lo dicono in tanti. Amo le storie, storie delle persone e della loro vita. Penso che non ci sia nulla di più affascinante di immaginare ciò che ci viene raccontato e di come ognuno di noi, in modo unico, si immedesimi nei protagonisti. Ho una passione per le fotografie, qualcuno potrebbe dire un'ossessione.

Da qui nasce il progetto 'Mamme Ambiziose', per molti una contraddizione tanto da indurci a credere che se sei mamma non puoi essere ambiziosa e viceversa, se sei ambiziosa non puoi essere mamma. Non è così.

Vi riporto la definizione del dizionario.

Mamma (Madre): donna che ha generato e partorito un figlio, che si occupa amorevolmente di qualcuno, che si prodiga con sollecitudine per qualcuno.

Ambizione: desiderio di eccellere, volontà di ottenere qualcosa, cosa a cui si aspira. – e aggiungo: quel fuoco che brucia dentro alimentato dalla passione e dal coraggio e che a sua volta genera azione o come dicevo poco fa, movimento.

Vi presento nove donne e madri ambiziose, fiere, indipendenti e tenaci, così diverse e così simili allo stesso tempo:

Angela, Antonella, Aurora, Daniela, Heidi, Ilaria, Laura, Letizia e Simona, e le ringrazio per il tempo prezioso che mi hanno dedicato, per aver accettato questa sfida e per essere state sincere e aver mostrato la loro vulnerabilità.

Ho scoperto cose di loro che non sapevo, ho riso e mi sono commossa ascoltandole. Ognuna si è raccontata in modo unico e autentico, col proprio stile, per questo non troverete un formato standard.

Vi lascio alle loro storie e testimonianze di donne meravigliose quali sono. Non ho dubbi che vi rispecchierete in un pezzettino di ognuna di loro.

Essere mamma è la felicità, ma non la realizzazione.

Buon viaggio!

La donna è un miracolo di divina contraddizione.

Jules Michelet

Aurora

«*Non penso di essere speciale ma un po' mi piaccio! Mi ritengo una persona abbastanza felice e penso che la felicità dipenda da noi...*»

Aurora

ha trentacinque anni, oggi vive in provincia di Padova dove è anche nata e cresciuta. È figlia di Patrizia e Alessio, lei casalinga e lui medico, due genitori che hanno dedicato la loro vita ai loro cinque figli non facendogli mai mancare nulla.

«Mi ritengo una ragazza fortunata perchè ho avuto un'infanzia felice e ho davvero una bella famiglia.»

Aurora si definisce autonoma e indipendente sin dai tempi del liceo.

«Con la corriera andavo a scuola e il pomeriggio ad allenarmi. Avevo iniziato uno sport a livello agonistico e organizzavo il mio tempo e i miei spostamenti in autonomia.»

All'università studia Medicina, positivamente influenzata dal papà medico.

«Non sapevo cosa significasse fare il medico, credo che

nessuno studente lo sappia davvero prima del tirocinio! Fortunatamente mi era piaciuto e ho proseguito questo percorso!»

Aurora alla premiazione di una gara di canoa

Aurora adolescente

Gli anni dell'università non sono stati semplici, dopo due anni a Pisa dove conosce Andrea, oggi suo marito, si trasferisce a Roma con il fratello e la sorella ma sente molto la mancanza del suo ragazzo e dei suoi amici.

> *«Andrea era a Pisa e quindi tutti i weekend ero con lui. Non ho mai vissuto Roma come città universitaria e non avevo amici. E poi mi mancava Padova. Tornassi indietro forse proverei a godermi di più questo periodo approfondendo anche amicizie che invece ho lasciato andare.»*

Dopo la laurea Aurora sposa Andrea e insieme vanno a vivere a Taranto in Puglia, città di origine di lui.

Aurora al suo matrimonio col papà Alessio

Aurora e Andrea sposi, Settembre 2012

Dopo il matrimonio inizia un nuovo capitolo molto intenso della vita di Aurora.

«Per lavoro Andrea è partito per l'Egitto per due anni e mezzo. È stato un periodo molto triste per me. Quando Andrea è andato via ero appena diventata mamma di Riccardo, avevo ventisette anni e ho iniziato a gestire la mia vita da sola. Prima che mi sposassi aveva sempre pensato a tutto il mio papà, ma da quel momento in poi, ho iniziato a fare tutto da me e questo mi ha permesso di crescere e diventare l'Aurora indipendente di oggi.

Sono stati mesi difficili, anzi davvero brutti. Ho sofferto molto la lontananza di mio marito, non avevo amici, i miei coetanei non avevano figli e quindi vivevano routine troppo diverse dalla mia.

Aspettavo che le mie giornate passassero, in un certo senso è come se in quel periodo non avessi mai vissuto il mio presente.

Poi un giorno, grazie ad un film che raccontava la storia di amore di due malati terminali, mi sono ritrovata a riflettere quanto fosse futile il mio continuo lamentarmi. Da quel giorno decisi che era arrivato il momento di reagire, volevo iniziare a vivere ogni singolo giorno come merita di essere vissuto e guardando il mondo con ottimismo lasciandomi alle spalle tutta quella tristezza e negatività.»

Aurora, Andrea e il primogenito Riccardo

Oggi Aurora è mamma di tre maschi: Riccardo, Gabriele e Lorenzo.

«*Desideravo tantissimo una figlia femmina ma il destino ha voluto che fossi mamma di maschi, va bene così, resterà un mio sogno nel cassetto. Magari farò più in là un ultimo tentativo, scherzo!*»

Dopo otto anni vissuti a Taranto, oggi Aurora e Andrea hanno comprato una bella casa in provincia di Padova e Aurora ha ricominciato a frequentare i suoi amici di sempre.

«Sono medico di medicina generale e ne sono orgogliosa! Sono molto contenta del mio lavoro, ho aperto lo studio in pieno periodo Covid e non è stato facile, vedendo le cose in maniera positiva, non può che andare sempre meglio!!!

Una volta mio padre mi disse: un ingegnere e un avvocato vanno in ferie, un medico anche in ferie resta sempre un medico e può salvare la vita delle persone, ovunque vada può essere d'aiuto.

Ho voluto fare medicina di base per poter instaurare con i pazienti un rapporto intimo e per aiutare il maggior numero di persone.

Essere un bravo medico di famiglia è davvero importante, il nostro compito è anche ascoltare e rassicurare i pazienti e, quando necessario, mandarli dal giusto specialista. La retribuzione è buona e poi posso gestire come preferisco i miei orari.

Mi piace che le persone si fidino di me, anche se ancora non accade come vorrei, forse perché sono giovane e senza dubbio anche perché sono donna.

Essere una donna nel mio ambito è molto limitante. Una volta ho lavorato come medico in discoteca con

mio fratello (medico anche lui), nessuno si rivolgeva a me e mi sono davvero sentita inesistente. In fin dei conti per le persone esiste il dottore e poi la signorina, non la dottoressa.
Mi auguro che acquisendo più professionalità ed esperienza questo aspetto migliorerà.»

«*Donne e uomini sono diversi, ci sono alcuni mestieri per i quali l'una o l'altro sono più portati. In medicina è una questione di conoscenza, e in ambito intellettuale la parità deve esserci e invece non c'è. Io credo che quando ti trovi di fronte al tuo medico, in questo caso io, devi fidarti di me, indipendentemente dal mio essere donna.*»

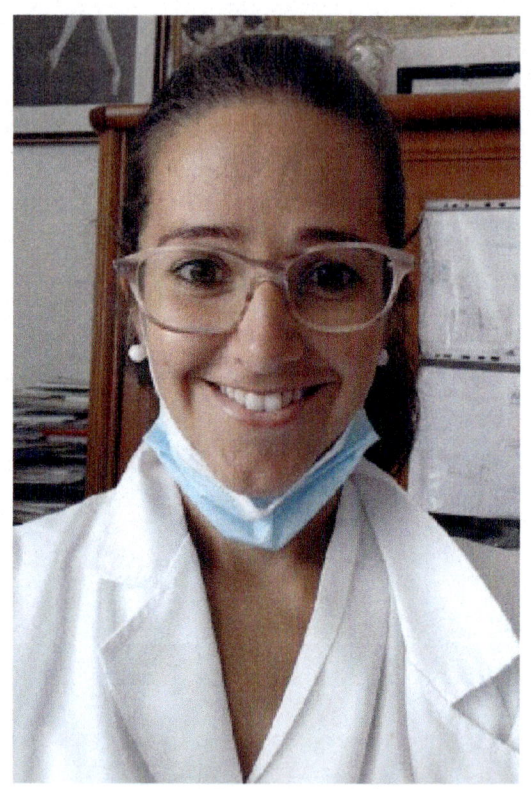

Aurora nel suo studio medico

Aurora e i suoi figli, giugno 2022

Un tuo pregio?

«*Il mio pregio migliore è l'empatia! Quando una persona soffre, soffro anche io. Se una persona è felice, sono felice anche io. Mi immedesimo molto nelle persone e cerco sempre di capire il perché di un determinato comportamento o stato d'animo. Nel mio lavoro è importantissima! Tempo fa un professore universitario ci disse che un paziente preferisce un medico empatico e umano piuttosto che il medico più preparato del mondo ma che con le persone non ci sa fare. L'empatia è importante nel rapporto medico paziente e il paziente deve fidarsi e affidarsi a lui/lei. È provato che la serenità aumenti le difese del nostro sistema immunitario. Per il medico è anche una grande soddisfazione in quanto aiutare gli altri è il fine del nostro lavoro!*»

Che mamma sei?

«*Mi sono resa conto di non essere così portata a fare la mamma. Forse perché ho tre maschi e giocare con le macchinine mi annoia! Gli voglio bene ma sono sicura che esistono madri migliori di me! Quando vedo mamme che si divertono a giocare coi loro figli un po' le invidio.*»

Il tuo primo ricordo?

«*Avevo tre anni, eravamo in chiesa e la mia mamma*

indicò gli angeli sul soffitto della cappella dicendomi: 'guarda Aurora, lì c'è anche tua sorella'. Di Priscilla so poco, è nata nel 1990 ed è morta due giorni dopo la sua nascita per un'infezione. A casa non se ne parla poiché è un vuoto che non è mai stato colmato. C'è una tomba bellissima a Pernumia (Padova) a forma di spirale, con una mamma e la sua neonata in braccio.»

Di cosa vai più fiera?

«*Essere indipendente e non pesare sugli altri. In questi anni ho imparato a non farmi mettere i piedi in testa da nessuno. Da piccola mi sentivo in difetto e quando ero in fila, per esempio, mi passavano tutti davanti e non avevo il coraggio di reagire. Oggi mi sento al pari del futuro re d' Inghilterra, del presidente della Repubblica e così via. Siamo tutti esseri umani e meritiamo lo stesso rispetto.*»

Magia è...

«*Il potenziale umano, mi stupisco sempre di cosa sia in grado di creare l'uomo come la tecnologia oppure andare nello spazio.*»

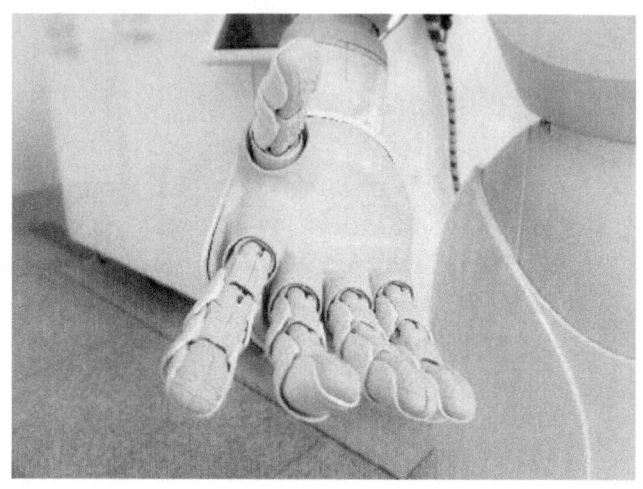

Photo by Possessed Photography on Unsplash

Essere una donna è così affascinante. È un'avventura che richiede tale coraggio. Una sfida che non annoia mai.

Oriana Fallaci

Angela

«Sono fiera della Angela di oggi, le difficoltà che ho incontrato nella vita mi hanno aiutata a crescere. Penso che le donne meritino rispetto esattamente come gli uomini.»

Angela

è nata in Romania trentotto anni fa.

> «Non ho avuto un'infanzia facile, sono la penultima di dodici figli. A sedici anni ho perso mio papà improvvisamente ed è stato, ed è ancora oggi, un grande dolore. Per aiutare mia mamma ho iniziato a lavorare insieme ad uno dei miei fratelli, facevamo i boscaioli. Con la motosega tagliavamo gli alberi per poi venderne il legno. Gli alberi erano alti anche venti metri...»

> «A diciotto anni sono rimasta incinta di Giovanni, era una gravidanza che non avevo cercato con un uomo che non ha mai fatto parte della mia vita. Ho provato a nasconderla per diverso tempo fino a quando, al sesto mese, quando era ormai evidente, mia mamma l'ha scoperto. Grazie a lei ho trovato la forza di battermi per i miei diritti in un'aula di tribunale. Giovanni ha il mio cognome, una volta sola ha incontrato suo padre, poi non mi ha più chiesto di lui.»

Quando Giovanni aveva poco meno di tre anni, Angela ha raggiunto uno dei suoi fratelli in Italia per lavorare e il piccolo è rimasto in Romania con la nonna.

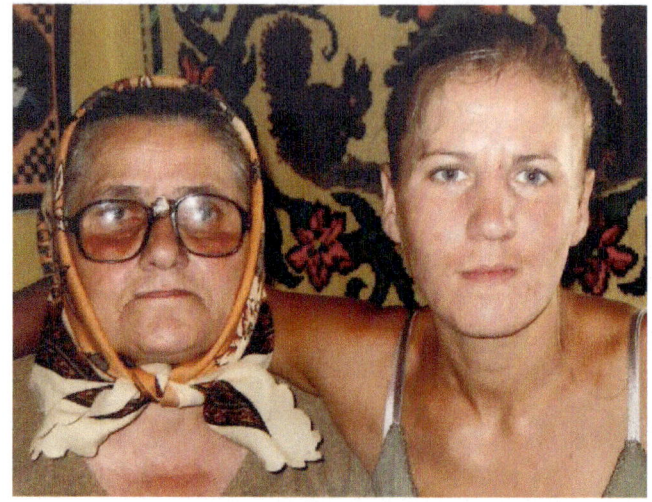

Angela e sua madre

Angela e suo figlio

«Tornavo in Romania una volta l'anno, vedevo pochissimo mio figlio e questo mi faceva male. L'ho portato due volte in Italia per sei mesi insieme a mia mamma per stare tutti insieme, poi da quando aveva dieci anni è qui a Milano con me.»

«Ho sempre lavorato tantissimo e ho fatto molti mestieri diversi, la carrellista in magazzino, la donna delle pulizie e tanto altro. Mi sveglio alle cinque tutte le mattine per riuscire a portare avanti tutto. Oggi lavoro in una mensa scolastica, mi piace molto perché sono a contatto con tanti bambini!»

Nel 2012 Angela conosce Mario, l'amore della sua vita. Con lui ha oggi due figlie, Noemi otto anni e Greta quattro. Vivono tutti e cinque a Limbiate in provincia di Milano e hanno comprato un appartamento.

«Quando ho avuto Greta, la cooperativa con cui lavoravo mi ha licenziata non appena ho fatto la richiesta di maternità facoltativa. Gli ho fatto causa e l'ho vinta, ma poiché hanno dichiarato fallimento poco dopo, sto ancora aspettando il risarcimento.»

Per coronare il loro sogno, Angela e Mario si sposano il 5 marzo 2022.

«In casa sono io ad occuparmi di tutti i lavori più pratici, monto i mobili, riparo qualsiasi cosa, cambio la lampadina, faccio tutto io! Mario mi aiuta con tutto il resto: la cucina, i panni e così via!»

Angela e suo figlio Giovanni

«Sono contenta della mia vita oggi, non cambierei nulla. Tutte le esperienze, belle o brutte, mi hanno fatto crescere e diventare la persona che sono!»

Angela e Mario sposi, Marzo 2022

Di cosa vai più fiera?

«Sono fiera della mia famiglia, di aver cresciuto mio figlio da sola e di essere oggi la persona che sono!»

Abbigliamento preferito?

«Un vestito e i tacchi a spillo, mi fanno sentire bene!»

Cosa fai nel tempo libero?

«Mi piace guardare i film, vorrei anche tanto andare a correre e fare un po' di sport ma tra una cosa e l'altra non trovo mai il momento giusto!»

Film preferito?

«‹La casa dove sei nato è il tuo destino›. È una serie turca tratta da una storia vera che racconta la storia di una ragazza che nasce in un quartiere popolare in una famiglia molto povera. Sogna di studiare legge, ma il padre è contrario e non glielo permette. Ho pianto tantissimo guardando questa serie. Prima di accendere la tv preparavo sempre dei fazzoletti. Mi rattristo quando vedo situazioni come queste dove la donna è sottomessa all'uomo e non può essere felice.»

Prossimo viaggio?

«Vorrei andare in Romania a trovare mia madre, non la vedo da due anni...»

Angela e la sua famiglia oggi

Magia è...

«Plaça d'Espanya, a Barcelona!
Ci sono stata anni fa e mi è piaciuta tantissimo, ricordo come ne rimasi incantata! Vorrei portarci presto la mia famiglia!»

Photo by Paolo Nicolello on Unsplash

Date alle donne occasioni adeguate ed esse saranno capaci di tutto.

Oscar Wilde

Simona

«Amo i miei figli. Quando posso ritaglio del tempo per me stessa per ricaricare le pile... Penso di essere senza dubbio la migliore madre che i miei figli possano avere.»

Simona

nasce trentacinque anni fa in Germania da mamma tedesca e papà italiano, cresce a Grottaferrata in provincia di Roma insieme a sua sorella maggiore Daniela e suo fratello minore Luca.

«Sono molto legata alla mia città di origine perché ci sono i miei genitori, e anche se sono dieci anni che vivo fuori dall'Italia, tornare a casa è sempre una bella sensazione. Riconoscere le strade, ogni singola curva percorsa mille volte ai tempi della scuola, mi fa veramente capire di essere tornata a casa. Quando sono lì mi sento rilassata, coccolata e in un certo senso torno bambina, a quando vivevamo tutti insieme e ogni sera ci si ritrovava sotto lo stesso tetto. Oggi abbiamo preso tutti la nostra strada, come è giusto che sia. Vivo a Londra e la pandemia ci ha costretti ad una lontananza forzata per tanto tempo. Sono due anni che vedo i miei genitori soltanto d'estate, questo è un po' triste e sto pensando se sia il momento giusto per riavvicinarmi un po'.»

Simona con i genitori e la sorella, 1988

Simona all'età di otto anni

Simona e la sua famiglia, estate 1994

«All'università ho studiato lingue e letterature moderne, non so bene come mai, anche perché non mi è mai piaciuto studiare e poi non è una facoltà che ti porta lontano, purtroppo. Intanto avevo iniziato a lavoricchiare. Ho poi scelto un master in marketing che mi ha permesso prima di andare a Berlino per una prima esperienza lavorativa e poi a Londra, dove vivo ancora oggi.»

A Londra Simona conosce Christoph, lavoravano per la stessa azienda e nel 2015 iniziano a frequentarsi.

«Da tanti anni avevo una relazione con un ragazzo che viveva a Roma, non ero più innamorata e ci siamo lasciati, non è stato per nulla semplice. Anche Christoph stava uscendo da un rapporto di molti anni e ho vissuto piuttosto male questa transizione anche con ansia e at-

tacchi di panico, probabilmente per paura di perderlo. È stato un rapporto iniziato a distanza, lui si era appena trasferito a Singapore mentre io ero ancora a Londra. Sono andata a trovarlo due volte, restavo soltanto per poche ore e poi ripartivo. Non avevo mai fatto una cosa simile per nessuno!»

Il loro amore decolla e insieme vanno a vivere per due anni a Seattle, in USA, per poi tornare a Londra. Oggi hanno due figli maschi, Julian di tre anni e mezzo e Maximilian nato nel dicembre 2021.

«Fare la mamma mi piace davvero tanto!»

Simona e Christoph, 2016

Simona e Maxi in Portogallo, 2022

«Sono una mamma e lo faccio quasi da sola, ho un partner presente ma che dedica tantissimo tempo al lavoro. Abitando a Londra i nonni sono lontani e affrontare il covid è stata una sfida. I miei due figli sono ancora piccini, Julian ha tre anni e mezzo e Maximilian quasi sette mesi, mi tengono impegnata giorno e notte in quanto il sonno non è mai stato il nostro cavallo di battaglia!

Mi piace il mio lavoro. Sono orgogliosa della mia attività da Freelancer che ho costruito negli anni.

La mia prima vera esperienza lavorativa è stata come stagista in una piccola startup a Berlino dopo una laurea in lingue e un master in marketing. Un anno dopo sono volata a Londra per un contratto a tempo indeterminato con un lavoro nel digital marketing che mi *ha poi portato a vivere anche un periodo in USA.*

Dal 2018 ho deciso di iniziare una nuova esperienza da libera professionista in quanto l'azienda aveva iniziato a starmi un po' stretta e volevo provare a gestire il mio tempo con maggiore autonomia anche in vista di mettere su famiglia.

Questa scelta mi ha presentato diverse sfide, oggi sono Digital Media Manager e posso dire di essere molto contenta del mio percorso, del mio network di clienti e delle recensioni positive che ricevo così spesso.

A breve inizierò un MBA, sarà molto impegnativo ma vorrei dare una svolta alla mia carriera e credo che questa qualifica mi aiuterà.»

Julian e Maximilian, marzo 2022

«Ciò che mi rende più orgogliosa di me stessa è riuscire a gestire famiglia e lavoro proprio come lo avevo sempre sognato, con la flessibilità di cui le mamme hanno bisogno senza però rinunciare alla mia indipendenza e svolgendo un'attività che mi piace!»

Simona e Julian, 2020

Qual è la sfida più grande per le donne al giorno d'oggi?

«Posso parlare del mio ambito lavorativo, ovvero il digital marketing. Senza dubbio la sfida più grande per noi donne riguarda i livelli retributivi troppo spesso non equilibrati, la velocità di carriera e la cura dei figli.

Un uomo parte sempre da una base salariale più alta della donna, ha una carriera più veloce e più semplice e spesso viene selezionato al posto di una donna per 'paura' che lei voglia mettere su famiglia.

Per una donna Freelancer come me, la carriera si ferma improvvisamente nel momento in cui si decide di andare in maternità. Il digital marketing è una realtà che si evolve molto rapidamente, anche solo quattro mesi di stop e sei fuori dal mercato. Ci sono tanti talenti giovani qui a Londra e molti clienti si rivolgono a loro, questo significa che al rientro dalla maternità i clienti li hai persi e bisogna ricominciare tutto da capo.

Avevo già vissuto questa vicenda col mio primo figlio, ero quindi consapevole che facendone un secondo la storia si sarebbe ripetuta, nessuna sorpresa quindi, solo molta amarezza. È evidente che si debba scegliere tra carriera e famiglia.

Di certo non mi arrendo, sto pensando a come ricominciare e sto anche riflettendo se tornare in azienda. C'è un altro problema: nel mio cv c'è evidentemente un 'buco', un periodo nel quale ho fatto la mamma e questo viene valutato negativamente da molti recruiter.

Ho letto recentemente che Linkedin ha inaugurato l'era dei "career break" ovvero la possibilità di inserirele pause di carriera, credo sia un primo step davvero importante.»

«Vedo anche una seconda sfida per noi donne. Quando sei mamma vieni continuamente giudicata da altre mamme. Spesso quando racconto che sto iniziando a lavoricchiare mi guardano male come se fossi una cattiva madre che non dedica tutta se stessa ai suoi figli. Io non penso di essere una cattiva madre anche se ho una babysitter e due volte a settimana vado in palestra. Ne ho bisogno per sentirmi meglio e per dare il massimo quando poi sono con la mia famiglia.»

Film preferito?

«Ps I love you. Un film che penso di aver visto cento volte e che rivedrei tutti i giorni! Una vera storia d'amore come forse esiste soltanto nei film, straziante, romantica e ambientata in Irlanda, un posto che adoro!»

Simona e Julian, ottobre 2018

Magia è...

*«Machu Picchu.
Nel 2017 io e Christoph abbiamo fatto un viaggio bellissimo in Perù. Che dire, una meraviglia!»*

Macchu Picchu, Perù

Se vuoi realmente fare qualcosa troverai il modo. Se non vuoi realmente troverai una scusa.

Jim Rohn

Daniela

«Credo di essere a tratti felice, mi sento realizzata prendendomi cura degli altri sia nel lavoro che nella vita privata. Poi qualcuno si prende cura di me, e principalmente lo fa mio marito.»

Daniela

è calabrese e nasce a Crotone quarantasei anni fa. Si descrive come una persona che da sempre insegue i suoi sogni, determinata nel raggiungere i suoi obiettivi e talvolta anche ostinata, quasi al limite. Essere madre di tre figli era uno dei suoi sogni.

Dalla fine degli anni '20 Crotone era stata una città ricca e polo industriale della Calabria. Ma negli anni '80 inizia la decadenza, le fabbriche oramai vecchie non sono più efficienti come un tempo e Daniela vive la fine della sua infanzia in questo contesto molto condizionato dal tessuto economico della città.

«Gli adulti di quel tempo avevano vissuto nel benessere e mi dicevano che per noi giovani non ci sarebbe stato futuro. Sono cresciuta con la consapevolezza di dover combattere per andare via da quella città e trovare la mia strada altrove.»

La sua città è per Daniela fonte di grandi stimoli, già alla tenera età dei quindici anni è infatti molto sensibile alle tematiche di disagio sociale come il lavoro in nero e lo sfruttamento e capisce subito di avere un ruolo in tutto questo.

Daniela da piccolina

Daniela e il suo papà

«Frequentavo una scuola professionale e iniziai a seguire dei corsi il sabato con un direttore del personale esperto in relazioni sindacali. Dai suoi racconti capii subito che quella era la mia strada e lui vide in me un talento. Mi diede l'opportunità di partecipare a degli incontri col sindacato, mi chiudevo in uno stanzino con porta socchiusa e ascoltavo, poi mi chiedeva cosa avessi capito e commentavamo le riunioni. È stato il mio maestro. Un giorno mi disse che gli HR del futuro sarebbero stati degli HR business partner, ovvero con la missione di accompagnare gli amministratori delegati e i direttori nello sviluppo del business. Fu lui a consigliarmi di studiare economia.»

Finiti gli studi, Daniela viene assunta in una importante azienda automobilistica italiana, aveva cercato un' organizzazione strutturata con un team di risorse umane che fosse altrettanto strutturato e lì imparò le basi del mestiere.

«Questa prima esperienza è durata poco più di cinque anni, mi ha insegnato come stare in mezzo alle persone da HR ovvero con la sensibilità di comprendere le dinamiche umane e a leggere le persone attraverso i gesti, gli sguardi, il detto e il non detto. Ho imparato a gestire le relazioni con il sindacato, esperienza difficilissima ma anche bellissima.»

Daniela sorride sempre e crea una connessione con chi le sta di fronte. Questa sua caratteristica e modo di fare le hanno creato non pochi problemi in una realtà prettamente maschile dove molto spesso un sorriso viene scambiato per un gesto troppo intimo.

«Ero un po' vittima del maschilismo e non me ne ren-

devo conto, giovane donna in un contesto di uomini, spesso si vociferava che avessi una storia col collega o col sindacalista. Mi attribuivano sempre una relazione con qualcuno. Ma da giovane avevo un superpotere che ho perso quando sono diventata madre, delle chiacchiere di corridoio non mi importava nulla. Questo mi ha consentito di andare tanto avanti».

Daniela viene sempre trattata come la diversa, la mascotte del gruppo. Lei sostiene che sia per il suo essere giovane e donna, non ha chance. Da un lato le dà un senso di protezione ma dall'altra si chiede perché debbano proteggerla.

«Una volta è accaduto che un dipendente era stato beccato per aver rubato, dovevamo licenziarlo. Avevo ventiquattro anni e il mio capo disse al mio collega di gestire questa situazione al mio posto. Mi vedeva inesperta e fragile. Inesperta sì ma ero forte. Gli dissi che toccava a me occuparmene, sarebbe stato troppo umiliante far fare a qualcun altro il mio lavoro e mi avrebbe tolto autorevolezza. Lui capì e andammo insieme, il mio collega ed io.»

«Qualche tempo dopo mi chiamò nel suo ufficio il capo del capo del capo, mi disse che si era liberata una posizione come responsabile risorse umane in uno stabilimento in Sicilia. Avevano riflettuto molto, io era senza dubbio una tra gli HR pronti ad una nuova sfida lavorativa, però non se la sentivano di mettere una donna a capo di quello stabilimento, troppi uomini, sindacalisti, la solita storia. Mi sentii come se dopo una faticosissima corsa ad ostacoli, arrivata quasi alla fine, improvvisamente, per puro pregiudizio, qualcuno avesse scambiato l'ultimo ostacolo con un muro.»

Daniela si rende conto della menzogna che le avevano raccontato, aveva fatto un percorso che non aveva via d'uscita. La sua autostima crolla e tutta la sua energia, determinazione e voglia di fare, svanisce.

Poco dopo, grazie alla segnalazione di un suo ex capo, Daniela viene assunta in un'azienda leader nel settore alimentare e inizia una nuova sfida lavorativa presso uno stabilimento in provincia di Mantova, questa volta con il ruolo di responsabile HR.

«*Mi sposai e poi iniziò una nuova fase della mia vita.*»

«*In questo stabilimento avevo a che fare con la gestione del sindacato, cosa che avevo imparato a fare benissimo. Ricordo un importante accordo che avrebbe dato il la ad un nuovo modello in tutta l'azienda. Per me i sindacalisti sono sempre stati una risorsa preziosa, mi fanno vedere le cose da una prospettiva diversa. Questo accordo non volevano firmarlo e io capii che avevano paura. Il responsabile della trattativa era un guru delle relazioni sindacali che per loro era decisamente 'troppo': un linguaggio complesso, un ruolo grande rispetto al loro essere piccoli sindacalisti di una piccola realtà in provincia di Mantova. Chiesi al mio capo di poter gestire da sola l'accordo e ci riuscii! Sono sempre molto autentica e diretta e questo è il segreto del mio successo, con chi l'ha capito chiaramente!*»

Dopo l'esperienza di stabilimento Daniela viene chiamata a sede in un nuovo ruolo, poco dopo nasce Sofia, la sua prima bimba.

«*Ho tre figli e sono state tre diverse storie di intreccio di vita privata e lavorativa. Quando nacque mia figlia mi sostituirono con una persona a tempo indeterminato e al mio rientro cambiai lavoro, fu anche quella una bellissima esperienza piena di sfide interessanti.»*

«Quando comunicai che aspettavo il mio secondo figlio, il mio capo, un uomo che stimo tantissimo, era davvero molto felice per me e mi disse di non temere, avrebbe trovato il modo di organizzarsi e senza alcun dubbio mio figlio sarebbe nato! Ero incinta di sette mesi quando si tenne un importante incontro presso l'associazione degli industriali e mi consigliarono di restare a casa in quanto la situazione avrebbe potuto essere di difficile gestione. Ovviamente mi rifiutai e quando finì l'incontro una persona si avvicinò a me dicendomi: 'Daniela, questo bambino sarà un Samurai', poi invece è nato Riccardo, il bambino più tranquillo del mondo, e non mi spiego come sia possibile! Avevo un'energia incredibile, ero addirittura più performante di quando non ero in attesa, la gravidanza è tutt'altro che una malattia!»

Qualche anno dopo Daniela aspetta il suo terzo figlio.

«Tornai al lavoro quando mio figlio aveva soltanto cinque mesi. È stato il periodo più brutto della mia vita, un incubo. Ho avuto sensi di colpa per anni, mio figlio è ancora oggi mingherlino, chissà se è dovuto anche al fatto che l'ho trascurato da piccino.»

È questa l'occasione in cui Daniela accusa più che mai il fatto di essere una donna.

«È stato un momento terribile della mia vita. Mi sentivo una incapace. Era come se improvvisamente anche

le persone che fino a quel giorno mi avevano stimato non vedessero più in me la professionista di sempre. Dovevo e volevo rialzarmi, non c'erano alternative. E così feci. Decisi di lanciare un nuovo progetto volto al supporto della genitorialità. Come azienda era davvero troppo importante aiutare le nuove mamme (e papà) in questo percorso così speciale, delicato ed unico.»

Daniela ha come sponsor l'amministratore delegato dell'azienda e alcuni direttori che credono fortemente nel programma e in lei.

«*Questa iniziativa è stata la mia medicina, mi ha curato l'anima!*»

Daniela

«Qualche anno dopo decisi di lasciare l'azienda per lanciarmi in una nuova avventura come HR Director in una più piccola realtà italiana. Non è stata una decisione facile, sono ancora oggi molto legata a tante persone che ho conosciuto in quegli anni e con le quali ho condiviso momenti speciali e di crescita professionale e personale. È un'azienda con dei valori profondi e autentici, il mio preferito? La passione, senza ombra di dubbio!»

«Oggi sono una responsabile risorse umane donna con tre figli, vivo tra equilibrio e disequilibrio, so che a volte trascuro i miei bambini perché torno tardi a casa e ciò che mi aiuta molto è avere una rete forte di contatti, lo smart working che mi permette di essere a casa e vederli e mio marito, che spesso compensa la mia non presenza. Questo è il segreto. Credo che i genitori debbano aiutarsi e compensarsi, se non c'è uno deve esserci l'altro e questo è fondamentale. Una regola che ci siamo dati è che nei momenti importanti dei nostri figli il lavoro scivoli in secondo piano, senza esitazioni.»

La presenza di Daniela in azienda è per le altre donne una dimostrazione che carriera e famiglia possono coesistere.

«Dire di aspettare un bambino resta sempre un po' un tabù, anche in azienda da noi. Spesso le donne vengono da me a confidarsi e mi chiedono consiglio su come e quando comunicare la loro gravidanza al meglio. È inevitabile che un po' di timore ci sia.»

Daniela e i suoi figli

Daniela e la sua primogenita Sofia

In azienda quali sono le iniziative a supporto delle donne?

«Prima di tutto abbiamo degli obiettivi e li misuriamo, un esempio è la % di donne sul totale della popolazione, si aggira sul 50%. Poi consideriamo il gender pay gap, ovvero il delta retributivo tra uomini e donne in base al loro ruolo in azienda, questo per essere sicuri di non discriminare. Un altro esempio sono gli strumenti di valutazione del potenziale, è importante utilizzare gli stessi parametri per tutti.

Abbiamo anche un programma a supporto della genitorialità, prepariamo le mamme al periodo della maternità e le supportiamo al loro rientro.

Un altro lavoro molto importante di cui ci stiamo occupando è quello di promuovere l'uguaglianza di diversi stili di leadership. Nella mia vita professionale ho visto che le donne che sono riuscite a fare carriera sono per la maggior parte quelle che non hanno figli o se li hanno non li vedono mai, e lo stile con cui gestiscono le persone e si relazionano con gli altri assomiglia ad una leadership più maschile, più dura e aggressiva piuttosto che gentile ed empatica. Non voglio dire che esista una definizione di stili di leadership maschile e femminile, ma senza dubbio esistono dei tratti predominanti.

Credo nel promuovere una inclusione che guarda i diversi approcci, penso che sia questo l'elemento che fa sì che le donne siano discriminate, oltre al genere stesso e la cura dei figli.»

Un consiglio a tutte le donne che ti leggono?

«*Lottate contro i pregiudizi e non cadete mai nel circolo vizioso che distrugge l'autostima. Piuttosto parlatene e fatevi aiutare. È fondamentale andare avanti con determinazione, credere in se stesse e non smettere mai di inseguire i propri sogni anche quando qualcuno ci dice che non ce la possiamo fare perché siamo donne. Pensando agli aspetti più pratici, direi che è importantissimo sapersi organizzare, una rete di aiuti come la famiglia o amici e in primis il proprio compagno. Questo ci consente di non dover sempre rinunciare ai nostri impegni o al nostro lavoro per la cura dei figli. E per quanto riguarda il vostro compagno, trovate davvero la persona che sia all'altezza di creare questa complicità.*»

«**Basta uomini che pensano debbano essere solo le donne a prendersi cura dei bambini. Non fate figli con questi signori!**»

Daniela e i suoi figli

Magia è...

«*L'innocenza dei bambini, la meraviglia dei bimbi come la mattina di Natale o a Santa Lucia. È felicità allo stato puro ed è magico perché trasferisce una gioia infinita e incanta anche noi adulti.*»

Photo by Caroline Hernandez on Unsplash

Non può esserci progresso senza affrontare l'ignoto.

Zaha Hadid

Laura

«*Mi sento fortunata, ho un compagno di cui posso dire di essere ancora oggi, dopo tanti anni, molto innamorata, che mi fa sentire speciale e che è davvero la persona migliore che conosca.*»

Laura

ha trent'anni e viene da una famiglia molto unita. È nata e cresciuta in provincia di Roma.

> «*Ho avuto un'infanzia spensierata e bella, conservo davvero tanti bei ricordi...gli amici, la danza, tanti viaggi con i miei, sempre casa piena di gente, Natale in quaranta persone, i miei nonni dolcissimi.*»

Si descrive una persona super socievole, adora stare in compagnia, anche per una semplice cena a casa con qualche amico.

In prima liceo incontra Luca, saranno semplici amici per tanti anni rincorrendosi un po' a vicenda fino a quando, nel 2013, ufficializzano la loro relazione.

> «*Poco dopo l'inizio della nostra storia sono partita per l'Erasmus a Parigi, è stata un'esperienza che mi ha permesso di divertirmi tanto e di conoscere persone bellissime. Poi siamo andati insieme a Londra per alcuni mesi, Luca faceva uno stage e io studiavo l'inglese e lavoricchiavo. Al nostro rientro in Italia abbiamo deciso che era arrivato il momento di andare a vivere insieme.*»

Laura e suo fratello Matteo

Laura e Luca da adolescenti

Laura studia giurisprudenza, non per una particolare passione ma più che altro per garantirsi un futuro.

«Sono cresciuta con l'idea che le facoltà che ti consentono di lavorare non siano molte. La scelta era tra medicina, giurisprudenza, ingegneria e poche altre, ero poi portata per le materie umanistiche. Tornassi indietro farei probabilmente economia o medicina.»

Oggi Laura lavora come avvocato penalista in uno studio a Roma. Alcuni giorni torna a casa molto soddisfatta pensando ai processi che sta seguendo, gli interrogatori, i viaggi. Poi ci sono quelle giornate in cui si sente molto frustrata poiché non riesce a vedere un futuro in questo mestiere caratterizzato da un ambiente ancora molto maschile e dove le donne che hanno fatto carriera e sono ammirate e rispettate sono pochissime, hanno una leadership molto dura, quasi aggressiva, e spesso hanno sacrificato la famiglia per il lavoro.

«Essere donna avvocato penalista è difficilissimo. Ci sono molte situazioni nelle quali non mi sento a mio agio, non mi rispecchio in questo stile. Penso di avere una leadership più empatica, più femminile, più gentile, e inizio a pensare che forse questo lavoro richieda uno sforzo troppo grande e non sono poi così appassionata da sacrificare tutto il resto.»

«Il nostro sistema è indietro anni luce rispetto alle aziende, il mercato lo fanno i clienti che ti nominano e se i clienti continuano a nominare gli avvocati uomini e di avvocatesse brave donne se ne conoscono poche, c'è ben poco da fare. Non c'è nessuno che dall'alto può dire: da domani nominiamo più avvocatesse. Lavoro in uno studio di un'avvocatessa donna affermata e conosciuta, troppo spesso i clienti mi chiamano signorina e non avvocato scambiandomi per la segreta-

ria o la praticante. Questo accade sempre quando insieme a me è presente un uomo, lui è l'avvocato e io l'assistente. Purtroppo, in questo sono un po' ingenua e lascio correre, forse dovrei insistere e pretendere che mi chiamino avvocato.»

Yosemite National Park, California 2018

A breve Laura inizierà una nuova sfida lavorativa in una società di consulenza in area legale. In questi ultimi mesi ha consolidato la consapevolezza di voler cambiare ambiente nonostante questo significhi 'ricominciare da zero' in quanto l'ambito in cui opera oggi è davvero molto specialistico.

«*Sono molto contenta di questa opportunità, ero quasi certa non sarebbe stato facile essere selezionata da un recruiter in quanto il mio profilo è un po' particolare. Ci saranno tantissime nuove cose da imparare e questo mi elettrizza!*»

Nonostante sul lavoro Laura sia ancora alla ricerca del ruolo giusto per lei, si ritiene una persona molto fortunata.

> *«Ho un bimbo nato nell'estate del 2021, allegro e in salute, una famiglia alla quale mi sento molto legata e pochi amici ma buoni. Viaggiare, non importa dove e come se con le persone giuste, mi rende felice e mi manca moltissimo.»*

Laura e la sua famiglia

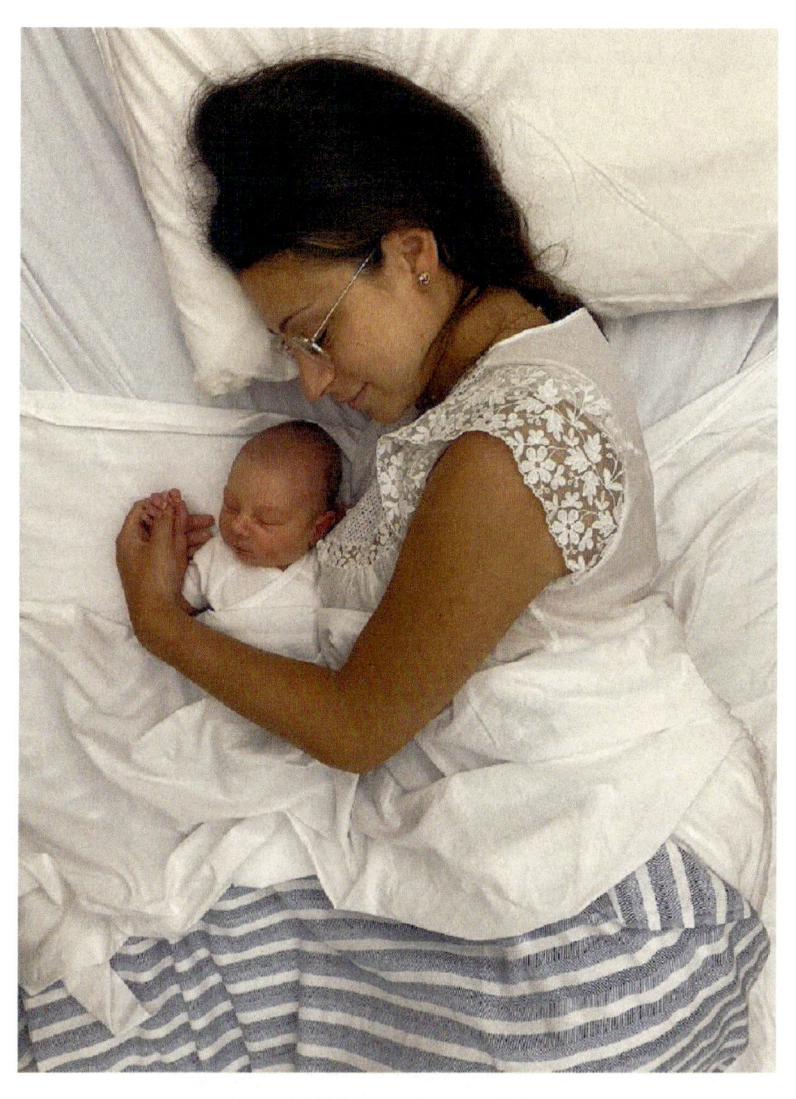

Laura ed Edoardo, Agosto 2021

Che mamma sei?

«Sono apprensiva, più di quanto pensassi e poi sono una mamma dolce. Con Luca ci compensiamo, spesso perdo la pazienza io e allora interviene lui e viceversa. Mi sono riscoperta affettuosa e coccolona, quando Edo dorme lo guarderei per ore e vorrei svegliarlo per dargli i bacetti.»

Sogno nel cassetto?

«Il mio sogno nel cassetto è vivere di una passione. Mi piacerebbe lavorare nell'arte, come ad esempio la fotografia. Temo rimarrà nel cassetto perché non ho il coraggio di mollare tutto e dedicarmi ad una cosa che mi piace ma che non mi darebbe certezze. Sono una persona troppo concreta e radicata nella realtà, purtroppo.»

Cosa fai nel tempo libero?

«Per staccare mi piace andare a cena fuori con gli amici, vedere un film o una delle nostre serie tv sul divano con Luca, una passeggiata per Roma, una mostra ogni tanto, un po' di shopping con mamma anche se ormai non ho più il tempo, un week end fuori Roma ma anche quello ormai è difficile.»

Una tua forza?

«La mia capacità di capire le persone e il mio modo di interagire.»

Film preferito?

«Pretty Woman. Lo lego alla mia infanzia. Con mia mamma ogni volta che lo facevano in tv lo guardavamo insieme. Mi piacciono anche molto i cartoni animati come Cenerentola, la Sirenetta e non vedo l'ora che Edo sia più grande per vederli insieme a lui!»

Laura ed Edoardo, 2022

Laura, Luca ed Edoardo

Magia è...

«*L'aurora boreale. Esce da un momento all'altro mentre sei lì ad aspettarla al freddo da ore, o magari da giorni. Dal nulla si crea qualcosa di così potente da spezzare il fiato. Cambia colore, danza, si sposta e poi sparisce. Dura poco, non saprei neanche quantificare, ma lì per lì il tempo è come se si fermasse. È un'emozione che non riesco a spiegare!*»

Tromso Norvegia, Marzo 2018

Non arrenderti. Rischieresti di farlo un'ora prima del miracolo.

Proverbio arabo

Letizia

«*Sono una donna, moglie e mamma di un bimbo di otto anni e mi reputo una persona non coraggiosa anche se chi mi conosce sostiene il contrario.*»

Letizia

nasce trentasette anni fa a Padova. Al liceo studia lingue che sono tutt'ora una delle sue più grandi passioni.

Durante il liceo frequenta la scuola agonistica di canoa. Questo sport le insegna ad essere molto efficiente, caratteristica che la contraddistingue ancora oggi.

> *«Mi allenavo tutti i giorni, anche il sabato, avevo veramente poco tempo per fare i compiti e questo sport mi ha aiutata tantissimo ad essere una persona organizzata e a svolgere le mie attività nei tempi predefiniti. Ritengo che questo sia un 'must' per avere successo nella vita.»*

Da piccola Letizia sognava di fare l'ambasciatrice, voleva andare all'estero e lavorare con le lingue ma poi ha deciso di restare in Italia e studiare una materia che le potesse dare più sicurezze.

> *«È un aspetto che invidio tanto alle donne che hanno avuto il coraggio di lanciarsi e questo mi angoscia parecchio, per questo forse non mi ritengo coraggiosa.*

Spero che mio figlio, nonostante le sue difficoltà di oggi, riesca a rischiare di più e a buttarsi.»

Letizia con i suoi fratelli Federico e Alberto

Letizia con i suoi fratelli, sua sorella e la cuginetta

Letizia descrive la sua vita abbastanza complicata e le esperienze che ha avuto l'hanno portata ad avere un approccio molto cauto e conservativo.

All'università studia prima Scienze Politiche e poi decide di proseguire prendendo anche una seconda laurea in Giurisprudenza. Tra Milano e Roma sceglie di vivere nella capitale poiché immagina Milano una città cupa e fredda.

Durante il periodo universitario, quasi per caso, vince un concorso dell'ATAC e le viene proposto un lavoro a tempo indeterminato come operatore di stazione alla metro B di Roma. Non era di certo il lavoro dei suoi sogni ma le poteva garantire un buon guadagno e decide di accettare.

«I miei genitori sono andati in tilt, volevano che studiassi e credevano che questo lavoro mi avrebbe compromesso il futuro. Ho promesso loro che avrei continuato a studiare ma non mi credevano. Ho lavorato per dieci anni in metro e ho portato a termine i miei studi come concordato. Posso davvero dire: ce l'ho fatta! Studiavo di giorno e poi di notte facevo il turno serale, e a volte, proprio durante la notte, quando la situazione era tranquilla e non c'era nessuno in giro, studiavo.»

Dopo la laurea in giurisprudenza Letizia frequenta una scuola specialistica e svolge il tirocinio nell'ambito del penale. All' esame di Stato di Avvocato viene bocciata con un voto bassissimo nonostante sia certa di aver svolto molto bene il compito.

«Entrai in crisi, cominciai a dubitare del mio percorso e mi chiesi: forse i miei genitori avevano ragione?

Riprovai l'esame l'anno successivo, ero sicura che non l'avrei passato ancora, mi presentai con la dottrina dell'anno precedente, lì è sempre una corsa all'ultimo aggiornamento, ma non mi interessava. Fui promossa con un voto altissimo. Urlai di gioia e poi piansi, già immaginavo la fatica che mi aspettava per preparare l'orale.»

«*Simone era piccino, ero molto stanca, quasi distrutta, e il giorno dell'esame il presidente di commissione mi disse: per superare l'esame bisogna essere preparati e la mia risposta fu semplicemente: il sole domani sorge ancora! Sante parole di mia nonna, mia maestra alle elementari. Ovviamente fui promossa!*»

Letizia crede tantissimo nel significato di questa frase ed è lo spirito con cui approccia oggi tutte le sfide lavorative e di vita in generale.

Dopo l'esame di stato inizia per lei l'avventura dei concorsi, ne ha fatti di ogni tipo possibile e immaginabile.

Nel 2013 arriva il grande giorno delle nozze, Letizia sposa Gianluca e a marzo del 2014 nasce Simone.

«*Avevo soltanto ventotto anni, e chi se lo aspettava, non avevo neanche fatto le indagini per individuare eventuali trisomie e malattie genetiche, credevo che a quell'età non potesse accadere. Quando nacque fu difficilissimo, mi chiedevo in continuazione: perché a me? Perché a mio figlio? Sono arrivata alla conclusione che questo tipo di domande non bisogna farsele, perché le cose accadono e basta, e possono succedere an-*

che a te. Ma la cosa più importante è essere in grado di affrontarle. A noi hanno sbagliato la diagnosi. Per i primi tre anni Simone aveva una sindrome molto grave, un difetto genetico. Ma poi con mio marito abbiamo chiesto un nuovo test del DNA perché nostro figlio non rispecchiava le caratteristiche di quella malattia. La risposta arrivò poco dopo e si chiama Prader-Willi. Quando il tuo problema ha un nome hai meno paura e lo affronti.»

Oltre allo sconforto Letizia e suo marito si sentono completamente ignoranti e persi, non hanno idea di come funzionino le cose: dalla 104, all'INPS e tutta la burocrazia.

«Ciò che spaventa davvero non è la disabilità, ma tutto ciò che ruota attorno. Ogni due anni devo fare la revisione per mio figlio. Simone è nato con una malattia genetica, mi chiedo, perché costantemente devo richiedere il certificato? Tutto diventa complicato, per non parlare dei tre giorni al mese di permesso della legge 104, i congedi retribuiti al 30% e il sussidio dei trecento euro al mese. Tutto questo non è sufficiente per accudire un figlio o familiare disabile ...e qui il problema sono i furbetti, per chi se ne approfitta tutti noi ne paghiamo le conseguenze. Non è giusto. Spesso si è costretti a licenziarsi perché non si hanno gli strumenti per conciliare il lavoro e le terapie. Una madre che deve decidere cosa fare, sceglie il figlio e lascia il lavoro. Per fortuna con mio marito ci compensiamo e riusciamo a gestire la situazione e le terapie del nostro piccolo.»

Letizia e suo marito

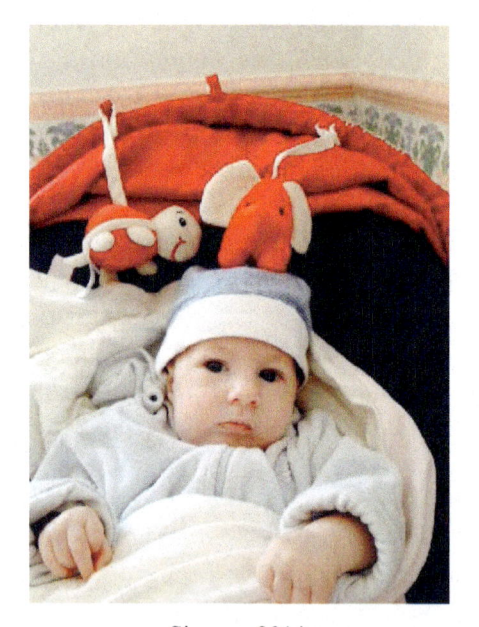

Simone, 2014

Oggi Letizia vive a Roma, città che ama moltissimo anche per gli splendidi spazi verdi che offre e che la aiutano a 'ricaricare le batterie' insieme alla sua famiglia.

«Lavoro al ministero dell'economia. Mi piace tantissimo, ho un ruolo che mi permette di avere una visione globale degli uffici e anche se mi richiede molto sacrificio in termini di carichi di lavoro e orari ne sono davvero soddisfatta!»

«Sono moglie di un marito fantastico. Lo amo tantissimo e non lo cambierei con nessuno al mondo anche se bisticciamo spesso. Lui mi capisce e mi sostiene ed è il mio primo grande fan.»

Letizia ha molte aspettative per il suo futuro, vorrebbe allargare la famiglia a breve, non ha intenzione di cambiare lavoro perché le piace così come è, e più di tutto ha molta fiducia nel futuro di Simone, un bambino che sta dimostrando di farcela alla grande sia a scuola che nella vita di tutti i giorni.

«Mio figlio Simone è davvero la mia benedizione, si sveglia al mattino ed è sempre contento, la prima cosa che dice sorridendo è sempre 'buongiorno'. La sua felicità è davvero contagiosa e ci trasmette gioia.»

Letizia, Gianluca e Simone

Simone

Cosa ti piace della tua professione?

«Ho lavorato in diversi posti e ho svolto molti mestieri. Dopo l'esame di stato da avvocato ho vinto un concorso come assistente al giudice tutelare che si occupa

delle realtà fragili. Ho visto realtà pesanti, positive e negative. Questa tematica mi affascina e mi tocca ahimè da vicino. Una delle domande più importanti che ci facciamo noi genitori con figli disabili è: cosa succederà quando non ci saremo più? Come vivrà nostro figlio? Ci sarà qualcuno per lui? Credo nello Stato, ho 'sposato' la pubblica amministrazione e sono convinta della possibilità di poter portare dei cambiamenti dall'interno grazie alle mie competenze, esperienze, la mia bontà e sensibilità per fare del bene anche a mio figlio Simone e alle persone che ne hanno bisogno. Sento di poter fare la differenza!»

Sogno nel cassetto?

«Da piccola sognavo di aprire una libreria, un punto di ritrovo per leggere e conversare insieme davanti ad una tazza di caffè o di the. Chissà se un giorno riuscirò a realizzarlo!»

Quali sono le tue più grandi passioni?

«Amo studiare, leggere e sottolineare. È la mia confort zone, il mondo in cui riesco bene senza fatica, e mi piace. E poi sono appassionata di musica, da piccola ho sempre sognato di suonare il violino e qualche anno fa mi sono messa in gioco e ho deciso di iniziare a studiarlo. Suonare il violino è la mia SPA.
È il mondo in cui riesco ad essere libera, libera di sbagliare e fare ciò che mi piace. Posso dedicarmi alla stessa battuta mille volte senza rendere conto a nessuno. È davvero come una SPA, suonare mi ricarica!»

Cosa ti rende fiera di te stessa?

«Io non mollo mai! Non perdo mai la voglia e la forza di andare avanti e vado fino in fondo, riesco sempre a vedere il lato positivo delle cose!»

Qual è secondo te una delle sfide più grandi per le donne al giorno d'oggi?

«Senza dubbio conciliare lavoro e famiglia è davvero difficile e credo che sia oggi il più grande limite per noi donne. Il lavoro da casa un po' aiuta ma di certo non risolve. Inevitabilmente uno dei due ruoli viene sacrificato per l'altro.»

Letizia al suo matrimonio, giugno 2013

Magia è...

«*La realtà stessa. Sono appassionata di noetica ovvero quella pseudoscienza che crede nel potere della mente di plasmare la realtà fisica.* Di questo sono convinta, la mia vita è costellata da coincidenze e quando meno me lo aspetto capitano cose strane e pazzesche in cui mi rendo conto che c'è qualcosa che va al di là. Mi spiego meglio, quando pensi una cosa spesso poi ti succede, quando sei preoccupato poi accade qualcosa che ti dà la soluzione facendoti vedere le cose da un'altra prospettiva. Il segreto sta nel capire quando questo accade e nel saper leggere le situazioni. Volere è potere, quando credi in una cosa questa si realizza!»

Photo by Greg Rakozy on Unsplash

Dopo i quaranta le donne non compiono gli anni. Crescono in bellezza, saggezza e incanto.

Julia Roberts

Ilaria

«Oggi mi sento veramente bene, anche grazie al mio lavoro ho ricominciato a prendermi cura di me e questo mi rende più serena anche coi miei figli.»

Ilaria

ha quasi quarant'anni, nasce a Montecchio Emilia da due genitori che lei definisce molto umili.

«Per tanti anni ho fatto la catechista a delle giovani fanciulle, poi, una volta finita la scuola superiore, ho deciso che sarei andata a lavorare in quanto studiare non faceva per me.»

Ilaria viene chiamata in uno studio legale a Reggio Emilia come segretaria.

«Mi segnalò una professoressa, a scuola avevo fatto delle gare di informatica, sapevo usare il computer e dattiloscrivevo molto bene, questo mi ha molto aiutata. Si trattava di una sostituzione maternità e dopo sette mesi fui assunta in un altro studio legale dove restai otto anni. Andai via poiché non venivo pagata regolarmente e la cosa iniziava a pesarmi.»

Per qualche anno Ilaria lascia il mondo degli studi legali e inizia una nuova esperienza come impiegata commerciale.

«Mi occupavo di preventivi e ordini, gestivo il tariffario e avevo il contatto diretto coi clienti. Nel 2008 poi arrivò la crisi e capii che dovevo cercarmi un nuovo lavoro. Mi licenziai e trovai lavoro in uno studio legale di Reggio Emilia che mi 'corteggiava' da tempo, non eravamo in tanti/e con esperienza in quella tipologia di lavoro!»

Ilaria e suo fratello maggiore

Ilaria consolida la sua storia con Salvatore conosciuto all'età di ventuno anni e suo attuale compagno. Nel 2014 vanno a vivere insieme e due anni dopo nasce Gabriele.

«Quando mio figlio aveva sette mesi tornai al lavoro, poco dopo però decisi di andare via poiché lo studio aveva iniziato ad essere gestito in maniera poco etica e questo mi faceva male, andava davvero contro i miei

valori. Fu la volta di uno studio legale a Parma con un contratto temporaneo e proprio il giorno in cui firmai il contratto a tempo indeterminato scoprii di essere incinta di Emma. Ero terrorizzata e non sapevo davvero come dirlo, avrebbero di certo pensato che avevo calcolato tutto, cosa che non era ovviamente vera. Quando chiamai la mia collega per dirglielo ricordo ancora come mi rispose: Auguri! Della serie, non ti invidio per niente!»

Il datore di lavoro non prende molto bene la notizia e il caso vuole che Ilaria dopo la maternità non tornerà più in quell'ufficio. La aspetta un anno in cassa integrazione per via della pandemia. Lo studio ha perso tanto lavoro e si è riorganizzato, le fanno capire che non avranno più bisogno di lei.

«Sono stati messi difficili. Non mi sentivo più l'Ilaria di sempre anche perché non faceva parte di me stare in casa a fare la casalinga e la mamma full time. Mi mancava quel qualcosa, rendermi utile, stare in mezzo alle persone, la mia autonomia e indipendenza. Capii che era arrivato il momento di reagire e mi iscrissi a due corsi professionali di elaborazione busta paga e contabilità base, studiavo di sera quando i bimbi erano a letto. Un giorno inviai il cv ad una azienda di Gattatico a Reggio Emilia, poiché una mia amica mi disse che stavano cercando personale. Avevano una posizione all'ufficio di gestione del personale e mi presero con un contratto a tempo determinato. Quella è stata la svolta!»

Ilaria si reinventa mettendosi alla prova in un campo per lei del tutto nuovo e l'azienda le dà l'occasione che tanto cercava.

«Oggi mi sento veramente bene, è comunque dura la-

vorare otto ore al giorno e tornare la sera stanca ma ho due nonne fantastiche che abitano qui vicino e mi danno una mano incredibile con i bambini.»

«Salvatore è un papà molto presente. Ci tiene molto alla famiglia e si fa in quattro. Le divisioni in casa sono ben stabilite, lui per esempio si occupa del giardino, delle bollette, di portare i bimbi a scuola. Lui e Gabriele sono molto legati, hanno un rapporto quasi simbiotico e per questo lo difende sempre anche quando andrebbe rimproverato. Gabriele è un bambino molto vivace e finisco per essere sempre io la 'cattiva'. Con Emma abbiamo un rapporto speciale, è la mia bimba, la mia principessa, in lei rivedo me e questo mi emoziona.»

«Vorrei che i bambini vedessero me e il loro papà come una cosa sola, vorrei fossimo più complici invece abbiamo molte divergenze sui principi educativi dei nostri figli, questo mi dispiace molto. Sono sicura che in qualche modo troveremo la giusta via!»

Ilaria e la sua famiglia

Ilaria con Gabriele ed Emma

Quali pensi sia una sfida per le donne al giorno d'oggi?

«Dalla mia esperienza, la donna è sempre quella che deve dimostrare di essere all'altezza della situazione, basta un sorriso di troppo che il tutto viene interpretato nel modo sbagliato. Sono una persona molto espansiva e giocosa e questo atteggiamento non viene sempre interpretato come vorrei. Ho questo modo di fare molto alla mano e spesso le persone con cui lavoro mi ringraziano per ascoltarli e aiutarli, ma in fondo è il mio lavoro, non penso di fare nulla di straordinario. Eppure a volte finisco per essere quella 'facile' che sorride molto o è troppo gentile. Più volte mi hanno anche consigliato di essere un po' meno carina e disponibile. Io sono fatta così e sono sicura che un uomo al mio posto non avrebbe di questi problemi.»

A cosa vorresti poter dedicare più tempo?

«Soltanto con questo nuovo lavoro ho ricominciato a prendermi cura di me, ho i miei spazi e posso permettermi di andare dal parrucchiere o dall'estetista e in palestra. Mi piacerebbe anche avere un po' più di tempo da dedicare ai miei figli.»

Che mamma sei?

«Sono una mamma abbastanza severa, dai miei figli esigo un comportamento educato sempre, mi riferisco in particolare a Gabriele che è molto vivace. Sono una mamma presente e a casa mi do tanto da fare.»

Ilaria con Gabriele ed Emma

Magia è...

«*Il sorriso dei miei figli. È' magico perché quando li vedo felici so che ho fatto un buon lavoro.*»

Gabriele ed Emma

Non è mai troppo tardi per essere ciò che avresti voluto essere.

George Eliot

Antonella

«*Da sempre cerco una risposta alla domanda: chi voglio essere? Forse dovrei smettere e cominciare a vivere.*»

Antonella Francesca

nasce quarantuno anni fa a Reggio Calabria.

«Il nome Antonella lo ha scelto mia nonna materna perché non voleva che i miei mi chiamassero come lei, ovvero Antonina, e la ringrazierò sempre per questo atto di estrema gentilezza.»

Il nome Francesca viene invece scelto dai parenti del suo papà come da tradizione del sud Italia.

«Sono sempre stata una bambina molto timida ed insicura. Fortunatamente con il passare degli anni sono diventata più forte e ho superato molte delle mie insicurezze.»

«All'età di diciannove anni ho lasciato la Calabria, e nonostante siano passati tanti anni, rimane per me sempre una città con un certo fascino. Quello che mi manca di più è il suo mare. Ho sempre adorato guardarlo soprattutto d'inverno. Quando avevo qualche pensiero, amarezza o delusione mi recavo sempre a Chianalea, cittadina di Scilla, a guardare le onde infrangersi contro la roccia.

Mi sento di affermare, nonostante le mie fughe, che Reggio Calabria è importante per me perché racchiude dentro di sé la mia storia, la mia infanzia, la mia adolescenza, i miei primi amori, i miei primi sbagli, i miei affetti e la famiglia.»

Antonella, le sue sorelle e i suoi genitori

«Mi sono diplomata al liceo scientifico con molta fatica perché non ho mai capito nulla di fisica e chimica. Avrei voluto fare il classico ma ricordo ancora che i miei genitori mi dissero che non ce l'avrei fatta. Stessa cosa mi fu detta con la scelta dell'università. Avrei voluto fare il chirurgo, ma i miei genitori ritenevano che non sarei mai stata capace di tenere un bisturi in mano.»

Antonella sceglie quindi la facoltà di Scienze Politiche e dopo un anno decide di lasciare la sua città e si trasferisce a Forlì per continuare gli studi in Scienze internazionali e diplomatiche.

«Fu la svolta della mia vita. All'inizio è stato difficile ma finalmente potevo provare a me stessa che potevo farcela! Finalmente ero io con me stessa. Non vivevo più sotto la campana di vetro della mia famiglia.»

Era la prima volta che Antonella andava a vivere da sola.

«Non sapevo neanche cucinare. Le prime settimane andavo avanti a panini e carciofini sott'olio. Le giornate trascorrevano tutte uguali. Seguivo le lezioni e poi tornavo a casa. Ricordo che passavo le ore chiusa nella mia camera singola a guardare il soffitto. Non avevo la tv e imparai ad apprezzare la lettura. Poi iniziai a socializzare. Iniziai a vivere la città di Forlì e divenni più spigliata. Trovai anche una palestra in cui si praticava Taekwondo, arte marziale coreana, di cui vinsi i nazionali universitari.»

Al secondo anno di università è il momento del bando di servizio civile all'estero, Antonella vince una borsa di studio e parte per la Polonia.

«Il giorno che presi l'aereo per la Polonia ero spaventata, ma non ero ancora consapevole di ciò che mi aspettava.
Mi resi conto che sarebbe stata dura quando atterrai a Varsavia.
Non capivo una parola di ciò che la gente diceva. Il mio inglese faceva pena, faceva freddissimo e il termometro segnava -14 e c'erano montagne di neve ed il cielo era coperto da nuvole grigie.
Mi iscrissi ad un corso di polacco. Iniziai a fare anche lezioni di inglese e decisi di avere un approccio propositivo. Quella fu la svolta! Grazie a queste esperienze ho scoperto una Antonella diversa, imparai a non mollare mai, ad essere più socievole e positiva e ad approcciare le difficoltà con spirito diverso. Imparai a non piangermi addosso e a reagire.»

Tornata dalla Polonia conosce il suo ex marito. Dopo sei anni di convivenza si sposano ma purtroppo le cose non vanno come Antonella avrebbe desiderato.

«Il matrimonio più breve della storia, durò soltanto tre giorni. Probabilmente fui miope. Non volevo vedere ciò che era chiaro. Lui non era una persona affidabile. Me ne sarei dovuta accorgere.
Fu un evento molto doloroso per me, seguirono tanti anni di terapia che mi aiutarono a capire chi fossi davvero e per quale motivo mi era capitata tale sventura.»

Nel 2010 Antonella conosce Mauro, il suo attuale compagno.

«Conobbi Mauro durante una convention di lavoro. Eravamo a Terrasini. Era il periodo in cui stavo preparando il mio matrimonio e nacque un'amicizia. Dopo il mio disastro coniugale ricordo che andai nel suo

ufficio a piangere il mio dolore un venerdì pomeriggio. E poi abbiamo iniziato a frequentarci!»
Nell'agosto del 2016 nasce la figlia di Antonella e Mauro.

«Aurora è la parte migliore di me! La mia vita!»
Antonella si definisce molto fiera di sé poiché nonostante una bimba, un lavoro e una casa da gestire, negli ultimi cinque anni ha portato a termine molti obiettivi.

«Credo di aver costruito la persona e la professionista che sono oggi. Da anni lavoravo come consulente commerciale presso una importante società assicurativa italiana. Un lavoro che non mi dispiaceva ma desideravo una svolta in quanto ero ferma da troppo tempo. Dopo la maternità ho deciso che era arrivato il momento di darmi da fare. Sapevo che non sarebbe stato facile ma non avevo alcuna intenzione di arrendermi!

Ho frequentato un corso di 'public speaking' nell' ottobre del 2018. Poi mi sono iscritta ad un executive master in gestione delle risorse umane formula weekend a Milano nell'anno 2018-19.
Terminato il master mi sono iscritta all'università per concludere il mio percorso accademico, avevo conseguito la laurea triennale nel lontano 2008 e così ho pensato fosse arrivato il momento di concludere il percorso conseguendo la laurea magistrale.
Mi sono laureata nel dicembre 2021.
Ero cosciente del fatto che ancora una volta non sarebbe stato facile ottenere un nuovo lavoro in un ambito così diverso dal mio, a quarantuno anni, senza esperienza, chi avrebbe mai guardato il mio curriculum???
Non volevo e non potevo mollare, ho deciso di iniziare

un nuovo percorso di alta formazione e così lo scorso ottobre mi sono iscritta ad un executive master in marketing & sales, a Bologna, super impegnativo! Ho concluso a fine giugno questo percorso, è stato ricco di contenuti, di serate in videoconferenza per preparare lavori di gruppo ed esami.»

Un giorno di marzo Antonella riceve una telefonata inaspettata, la sua azienda si è accorta di lei, della sua tenacia e le offre un nuovo lavoro come responsabile Formazione e Comunicazione.

«Aspetta un attimo, fermi tutti... Cosa? Ho capito bene? Lo stanno chiedendo a me? Proprio a me? Sono stata avvolta da un'emozione fortissima e ho iniziato a piangere. Avevo lottato per avere visibilità e dimostrare che posso dare tanto. Ambivo a quella posizione da circa cinque anni. Ricordo ancora le notti passate alla ricerca di un master che potesse prepararmi al ruolo di formatore.
Cosa mi piace? In realtà tutto! Mi piace l'idea di trasferire competenze. Mi piace relazionarmi con gli altri.
Mi piace organizzare e svolgere le aule anche se all'inizio gestire l'ansia è piuttosto impegnativo! Mi piace poter comunicare ai dipendenti cosa accade in azienda e ingaggiarli!
Sono molto soddisfatta di questa grande opportunità!»

«Il mio motto? Non mollare mai!!! Sono ancora alla ricerca di qualcosa. In questi anni ha capito di essere una persona curiosa e determinata. Spero che questa curiosità mi porti a trovare ciò di cui ho bisogno.»

Antonella e sua figlia Aurora

In alto a sinistra Antonella e la sua famiglia

Qual è la tua forza più grande?

«La mia volontà. Forse potrei definirmi ostinata. Quando mi metto in testa qualcosa faccio di tutto per portarla a termine. Penso di essere anche un po' strana! Ho spesso emozioni contrastanti, a volte mi sento di non farcela, piango, mi pento delle scelte fatte e poi dopo lo sconforto trovo la luce in fondo al tunnel e così mi rimbocco le maniche e inizio ad agire. È come se trovassi nuova linfa vitale. Questa mia forza mi ha aiutato a superare tanti momenti difficili.»

C'è qualcosa a cui vorresti dedicare più tempo?

«Sicuramente a me stessa! Vorrei poter godere di momenti esclusivi per me. Vorrei farmi coccolare. Vorrei, egoisticamente, poter andare in una beauty farm per tre giorni e farmi rimettere a nuovo. E vorrei poterlo fare almeno una volta ogni tre mesi!»

Una tua passione?

«Ho sempre avuto la passione per le due ruote. Andare in moto è come avere le ali, tu, la moto, la strada, il rombo delle marmitte e i pensieri. Sono sempre stata attratta dagli sport un po' spericolati.
Non dimentichiamoci che lo scorso anno saltai da quattromila metri attaccata ad un altro pazzo che lo fa di mestiere. Anche questa è un'altra sensazione di assoluta libertà e spensieratezza.
Prossimo passo... chissà, parapendio?!?»

Qual è la più grande soddisfazione della tua vita? Guardandoti indietro, cosa faresti diversamente?

«*Credo che la mia più grande soddisfazione sia l'essere diventata mamma. Ho sempre dichiarato che non avrei avuto figli e poi è nata Aurora, mi sono letteralmente innamorata di lei il giorno stesso in cui l'ho vista nascere. Mentirei se dicessi che non cambierei nulla del mio passato. Probabilmente cambierei l'epilogo della fine del mio matrimonio. Se non fossi stata cieca avrei probabilmente capito da tempo che era una storia malata. Potevo di certo evitare tanto dolore e sofferenza. Da quell'esperienza ho imparato a conoscermi meglio, forse era destino che accadesse per farmi comprendere meglio la vita e i suoi valori.*»

«**La persona che sono oggi la sono anche grazie a ciò che è stato il mio passato.**»

Antonella in moto

Magia è...

«Viaggiare. È qualcosa di meraviglioso, ti apre la mente e ti permette di immergerti in diverse culture.»

Antonella a Praga

Le donne che hanno cambiato il mondo non hanno mai avuto bisogno di mostrare nulla se non la loro intelligenza.

Rita Levi Montalcini

Heidi

«Sono tedesca e ora anche un po' svedese, è una sorpresa del destino, non lo avrei mai immaginato. Sono molto fiera di come gestisco la mia vita oggi!»

Heidi

nasce in Romania trentasei anni fa. I suoi genitori sono tedeschi e sono tornati a vivere in Germania quando lei aveva soltanto quattro mesi.

> *«I miei genitori, già da giovanissimi, hanno affrontato esperienze importanti della loro vita durante la dittatura di Ceaușescu in Romania. Grazie a loro ho imparato a impegnarmi e non arrendermi mai, a lottare per ciò che desidero e a credere in me stessa. Mi hanno sempre supportato nelle decisioni importanti e anche grazie a loro ho trovato la mia strada.»*

Oggi Heidi abita in Svezia, a Karlstad, una cittadina nel bel mezzo di laghi e natura. Otto anni fa si è trasferita dalla Germania grazie ad un'ottima opportunità lavorativa in una fabbrica 'food'.

«Non avrei mai immaginato di vivere in Svezia, non era

parte dei miei piani, ma la vita accade mentre siamo impegnati a fare altri programmi, è verissimo! Sono cresciuta in un paesino vicino ad Heilbronn in Germania, lì ho tanti amici la maggior parte dei quali sono in comune con mia sorella. Quando eravamo ancora piccoline, entrambe suonavamo il clarinetto e per questo frequentavamo il Music Club del paese. Lì incontravamo i nostri amici e ricordo quei momenti con molta nostalgia.»

Heidi (a destra) e sua sorella Petra

Heidi (a destra) e la sua famiglia

A diciannove anni Heidi decide di voler vivere una nuova esperienza e si trasferisce in USA come ragazza alla pari vivendo con una famiglia americana e prendendosi cura dei loro bambini.

> «Ho imparato tantissimo da questa esperienza, durante i fine settimana mi piaceva viaggiare e ricordo un giorno a New York, mi ritrovai di fronte a dei grattaceli incredibili e pensai: wow. In quel momento capii quanto una decisione piuttosto che un'altra può cambiarti la vita, e questa scelta di andare in USA ha veramente influenzato il mio percorso e il modo in cui vedo le cose oggi!»

Heidi è sempre stata una persona curiosa e questa esperienza ne è stata la prova. Dopo un anno, rientra in Germania e decide di iscriversi alla facoltà di Scienze e Tecnologie Alimentari.

«Sono sempre stata interessata al mondo del 'food', mi affascina la chimica e la biologia che ci sta dietro e avevo davvero la sensazione che fosse quella la mia strada. Così ho iniziato gli studi presso un'università che si trovava a 200km da casa, sono stata via cinque anni e ho davvero incontrato molte persone speciali con le quali ho contatti ancora oggi. Desideravo trovare un lavoro vicino casa ma non ha funzionato, le aziende che mi hanno contattato per dei colloqui non mi convincevano e non rispecchiavano i miei valori e le mie passioni. Un giorno incontrai una responsabile risorse umane ad una fiera del lavoro, aveva una posizione per me a Celle ovvero vicino Hannover nel nord della Germania. Pensai che fosse troppo lontano e che non sarei voluta andare. Poi feci un colloquio con il capo stabilimento e con la persona che avevo già conosciuto e mi convinsero, furono molto 'inspiring' e decisi di accettare il lavoro. Mi trasferii a Celle e pensai che tanto sarebbe stato per poco tempo...!»

Heidi si diverte molto a Celle, il suo lavoro è interessante, l'azienda le piace molto e conosce tante persone. Tre anni dopo decide di candidarsi per un nuovo ruolo come Product Development Professional.

«Probabilmente non ero ancora pronta per un cambio di lavoro perché avevo ancora molto da fare e imparare, ma l'opportunità era davvero interessante e decisi di candidarmi. La posizione era basata in Svezia così

partii di nuovo, anche quella volta pensai: 'uno o massimo due anni e tornerò a casa...'»

«E di nuovo le cose sono andate diversamente! In Svezia ho incontrato l'amore della mia vita, ci siamo sposati e nel 2020 è arrivato nostro figlio. Oggi vivo a Karlstad con il mio dolcissimo piccolino e mio marito Mike. Qui è molto bello, la natura è incredibile. La cosa che mi rattrista è avere la mia famiglia così lontana e purtroppo, non esistendo una connessione diretta, abbiamo sempre una giornata intera di viaggio per andare e una per tornare.»

Heidi e Mike

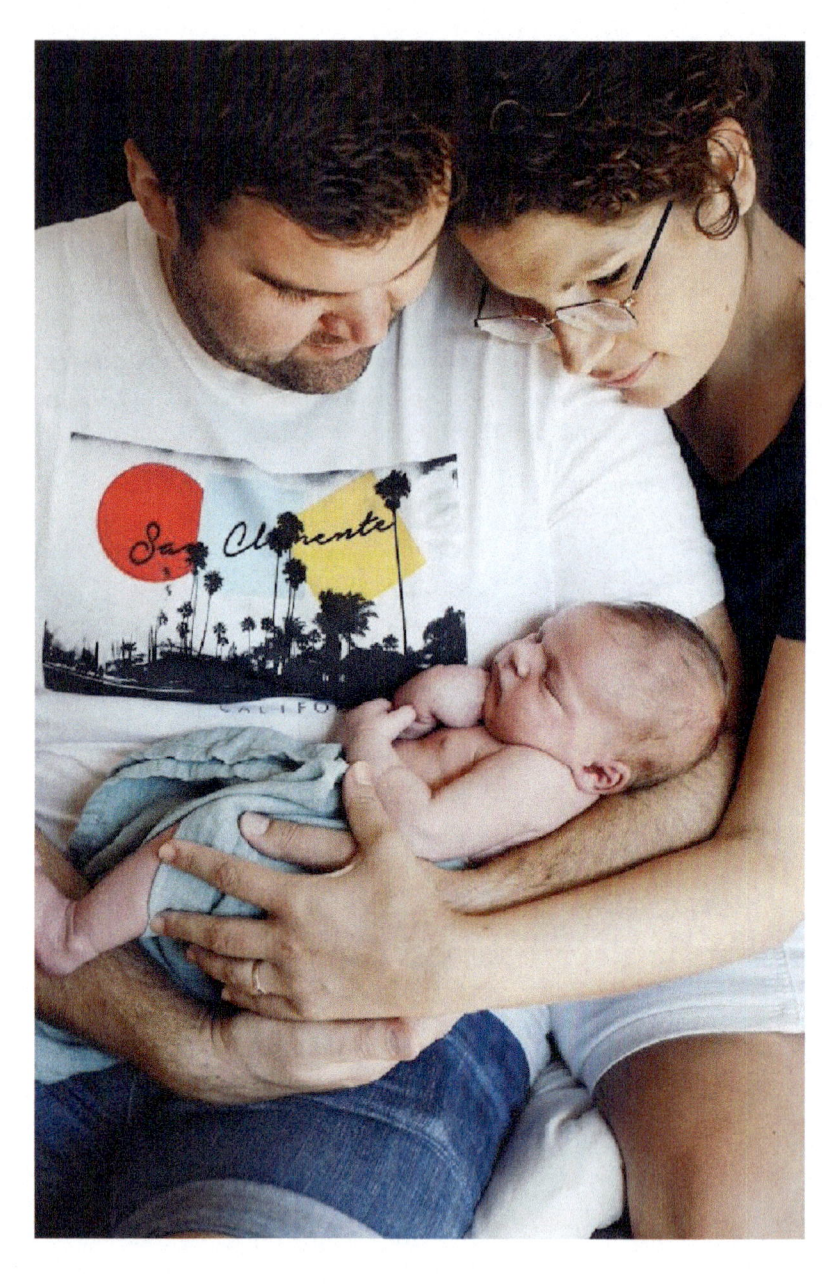

Heidi, Mike & Liam, 2020

Heidi è molto fiera di come riesce a gestire la sua vita oggi: si cura della famiglia cercando di bilanciarla al meglio con la vita lavorativa, organizza i suoi viaggi in Germania per andare a trovare la sua famiglia e le persone a lei care e ci tiene molto a restare in contatto con tutte le sue amicizie che ha in giro per il mondo.

«Mi piace il mio 'mindset', ovvero il mio modo di pensare e vedere le cose, sono una persona molto trasparente e organizzata e riesco sempre a trovare la via giusta per andare avanti. E poi credo in me stessa, questo mio approccio alle cose e alle situazioni mi aiuta davvero a vivere bene.»

«Ho molte amicizie vere che ho coltivato negli anni e poi ho trovato un marito col quale posso veramente parlare di tutto, quando ci siamo conosciuti l'ho capito subito e ho pensato: ‹è lui›.

Il mio più grande successo è mio figlio Liam, ogni volta che lo guardo penso a come stia crescendo velocemente, è incredibile!»

A Heidi piace il suo lavoro in stabilimento. Oggi è responsabile Qualità e Tecnologia e fa parte del team di vertice della fabbrica.

«Mi piace lavorare con le nostre persone, migliorare le cose, ottenere buoni risultati e portare la nostra azienda avanti. Quello che più mi dà energia sono proprio le persone, i valori, il prodotto (cibo!).
Adoro creare qualcosa con altre persone, specialmente quando si tratta di persone che trasmettono energia, con una mentalità aperta e capaci di pensare in modo innovativo e di 'guidare'. Mi piace il contesto internazionale in cui siamo, mi ispira in quanto mi affascina

conoscere le diverse culture e differenti modi di pensare.»

A Heidi piace abitare in Svezia anche se non era parte dei suoi progetti. Ha imparato a parlare svedese poiché crede che conoscere la lingua locale sia fondamentale.

«*Come dicevo, in Svezia la natura è davvero meravigliosa! Questa è una delle ragioni per cui mi piace questo paese. Un altro punto molto importante è l'equità di genere. C'è ancora un po' da fare su questa tematica ma paragonando la Svezia ad altre nazioni è chiaro quanto sia già stato fatto a supporto delle donne. Una altissima percentuale di donne ha un lavoro. Uomini e donne condividono il lavoro 'da genitori' ovvero cucinare, pulire la casa e accudire i bambini. Come famiglia abbiamo circa quattrocentottanta giorni di congedo parentale fino agli otto anni dei bambini e le persone qui lo utilizzano davvero, in questo modo possono godersi molto tempo con la famiglia. Questo è molto bello!*»

«**Oggi sono davvero felice grazie a mio marito e mio figlio. Nonostante ciò, se avessi saputo che la mia permanenza in Svezia sarebbe stata così lunga, probabilmente avrei pensato molto di più se accettare o meno quel lavoro anni fa!**»

Heidi e Liam

Heidi e sua sorella

Liam

Heidi & Mike

Il tuo sogno nel cassetto?

«Non sono una grande sognatrice, i miei desideri sono sempre stati piuttosto concreti. Ricordo quando imparai a leggere il programma della tv, fu fantastico! Nessuno poteva mentirmi a riguardo e sentivo di avere un grande potere.
Ricordo anche quando la maestra scriveva delle frasi sulla lavagna, per me era incredibile come fosse capace di farlo senza alcun errore e provai una forte invidia. Non credevo che prima o poi, crescendo e studiando, avrei imparato anche io!»

Quali sono le sfide per una donna in un ambiente lavorativo come la fabbrica?

«Non molte, in realtà non ci penso molto al fatto di essere donna. A lavoro quando sono col mio team o con le persone in stabilimento non mi soffermo a pensare 'sono una donna!'. Una cosa migliorabile sarebbe quella di avere più donne nella 'squadra' di vertice di stabilimento, semplicemente perché sono convinta che le discussioni prenderebbero altre pieghe rispetto ad oggi, più interessanti senza dubbio.
Penso che in generale gli uomini siano molto più bravi a 'vendersi', nell'affrontare i problemi poiché spesso hanno un approccio più 'easy', è come se fossero più visionari. Penso di poter imparare da loro in quanto sono troppo spesso molto realistica e tecnica, vorrei essere più brillante. Ho idee che sono potenzialmente buone ma poi presentarle e 'venderle' non è il mio punto di forza.»

Un consiglio a tutte le donne che ti leggono?

«Cercate di capire cosa volete e chi volete essere. Non perdete troppo tempo a pensare di essere donne e vedrete che le persone non ci faranno caso. Cosa è davvero importante è 'il modo in cui entrate in una stanza e il modo in cui splendete', è qualcosa di cui dovreste essere coscienti. Evitate di flirtare, create una distanza specialmente in ambienti come lo stabilimento. Siate orgogliose della persona che siete e 'vendetevi' bene!»

«Voglio che le persone mi guardino perché sto facendo un buon lavoro, per nient'altro!»

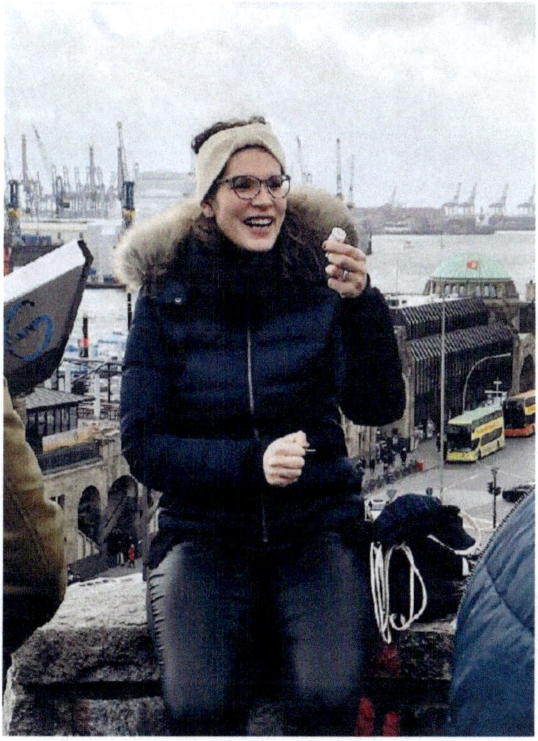

Magia è...

«*Quando prendo Liam per mano.*»

«*Il giorno del nostro matrimonio con tutta la mia famiglia e gli amici. È stato un momento speciale, le persone della mia vita erano tutte lì con noi.*»

«*La natura svedese e tutti i suoi colori meravigliosi.*»

«*Chicago e tante altre città incredibili. La vita sociale che le caratterizza e le mille opportunità*»

Indice

Introduzione	7
Aurora	11
Angela	25
Simona	35
Daniela	49
Laura	65
Letizia	79
Ilaria	95
Antonella Francesca	101
Heidi	117

Printed in Great Britain
by Amazon